Debbie Schwefer

Kinderleichte Experimente

Kleine Forscher ab 3 Jahren entdecken Wasser, Luft und Licht

Herausgeber: Kreide, Dietzenbach
Idee und Gesamtkonzept: Debbie Schwefer, Dettenhausen
Satz, Repro und Druck: ALS-Verlag GmbH, Dietzenbach
Bestell-Nr. 29.801 – ALS-Studio-Reihe 801
ISBN 978-3-89135-159-8

Bibliografische Information der Deutschen Nationalbibliothek
Die Deutsche Nationalbibliothek verzeichnet diese Publikation in der Deutschen Nationalbibliografie; detaillierte bibliografische Daten sind im Internet über <http://dnb.d-nb.de> abrufbar.

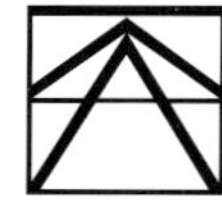

Allgemeiner Lehrer-Service
ALS-Verlag GmbH
Voltastraße 3
63128 Dietzenbach

Tel.: 0 60 74/82 16-0
Fax: 0 60 74/82 16-75
www.als-verlag.de
info@als-verlag.de

Inhaltsverzeichnis

Vorwort

Was passiert, wenn …?
In jedem Kind steckt ein kleiner Forscher, der seine Umwelt entdecken, erleben und untersuchen möchte.

Dieses Buch lädt dazu ein, mit Kindern zwischen drei und sechs Jahren naturwissenschaftliche Experimente durchzuführen – egal ob im Kindergarten oder zu Hause.

Warum soll man überhaupt mit Kindern im Kindergartenalter experimentieren?

Kinder in diesem Alter hinterfragen zunehmend verschiedene Alltagsphänomene:
Warum regnet es?
Weshalb gehe ich mit Schwimmflügeln nicht unter?
Wie entsteht ein Regenbogen?

Altersgerechte Experimente, die genau diesen Bezug zu den verschiedenen Alltagsphänomenen herstellen, ermöglichen es, dass sich diese Fragestellungen anschaulich, kindgemäß und nachhaltig klären lassen. Darüber hinaus werden Kinder durch das angeleitete Experimentieren in der Gruppe angeregt, genau nachzufragen und Vermutungen zu äußern, was die Sprachkompetenz fördert und das abstrakte Denken schult.

Und nicht zuletzt bereitet den Kindern das Experimentieren sehr großen Spaß. Die Kinderaugen leuchten, wenn sie Sand mit Wasser vermischen, Eis schmelzen oder einen Luftballon durch den Raum sausen lassen. Und diese Freude am Forschen und Ausprobieren ist der Motor, der sie antreibt, mehr erfahren zu wollen von der Welt, die sie umgibt.

Zum Inhalt dieses Buches
Dieses Buch befasst sich mit einfachen Experimenten zu den Themen Wasser, Luft und Licht – drei Themen, die eng mit dem Kinderalltag verknüpft sind.

Jedes Thema wird mit einer altersgerechten Geschichte eingeleitet. Die Geschwister Moritz und Lili entdecken und untersuchen entsprechende spannende Phänomene, die ihnen in typischen Alltagssituationen begegnen. Den Kindern fällt es leicht, sich mit Moritz und Lili zu identifizieren.

Die Beschreibung der Experimente erfolgt stets nach dem gleichen, gut überschaubaren Muster:

- **Wir benötigen dazu:** Hier finden Sie eine genaue Auflistung aller benötigten Materialien.
- **So wird's gemacht:** Die Durchführung des Experiments wird Schritt für Schritt erklärt.
- **Die Kinder beobachten:** In dieser Passage wird beschrieben, was die Kinder mit allen Sinnen feststellen können.

- **Erklärung:** Es folgt eine kindgerechte Erklärung für das, was beobachtet wurde.
- **Tipp:** Teilweise wird die Beschreibung der Experimente noch durch Tipps ergänzt.
- **Kindliche Realität:** Hier wird mindestens ein Beispiel genannt, wo und wie dieses Phänomen im kindlichen Alltag stattfindet und entdeckt werden kann.

Allgemeines zum Experimentieren mit diesem Buch

Das Forschen und Experimentieren funktioniert sehr gut mit einer Gruppe von etwa sechs Kindern. Bei mehr Kindern empfiehlt es sich, eine zweite Betreuungsperson hinzuzunehmen. Je nach Alter und Konzentrationsspanne der Kinder sind 30–45 Minuten ein angemessener Zeitraum für eine „Forscherstunde". Die Zeit ist aber sehr schwer im Vorfeld zu planen, weil je nach Zusammensetzung der Gruppe die benötigte Zeit sehr unterschiedlich sein wird.

Beim Experimentieren selbst stehen die Kinder am besten um einen nicht zu hohen Tisch herum. So haben sie genügend Raum, sich frei zu bewegen und die Möglichkeit, immer die Perspektive einzunehmen, von der aus sie den Versuchsaufbau am besten sehen können.

Kinder sollten bei der Durchführung der Experimente immer auch einige Regeln befolgen, weil das Forschen und Ausprobieren unter Umständen auch Gefahren mit sich bringen kann. Im Idealfall werden die Regeln gemeinsam mit den Kindern im Vorfeld erarbeitet. Wiederholt man diese in regelmäßigen Abständen, haben die Kinder sie schnell verinnerlicht. Es hat sich bewährt, für jede Regel ein Bild zu definieren. Die Kinder helfen gerne mit, z. B. ein Regelplakat zu malen. Wenn das Plakat an der Wand hängt, kann während eines Experiments Bezug darauf genommen werden.

Folgende Regeln lassen sich gut vereinbaren:

1. Während des Experiments nichts in den Mund nehmen.
2. Mit Feuer, heißen Herdplatten und kochendem Wasser nur unter Aufsicht mit der Unterstützung eines Erwachsenen experimentieren.
3. Längere Haare zu einem Pferdeschwanz zusammenbinden.
4. Nach dem Experimentieren die Hände waschen.

Zur Autorin

Ich bin Mutter von zwei Söhnen im Kindergartenalter und biete Forscherprojekte im Kindergarten an. Dabei habe ich persönliches Interesse für Naturwissenschaften mit dem Bedürfnis, Kinder zu fördern, kombiniert. Für meine beiden Söhne gehören Experimente mittlerweile zum Alltag.

Mit diesem Buch möchte ich einigen Experimenten eine Struktur geben und meine Erfahrungen weitergeben.

Ich möchte mich herzlich für die Unterstützung des Kinderhauses Weinhalde, der vielen kleinen Forscher sowie von Christine, Nicole und Frank bedanken.

Viel Freude beim Forschen und Experimentieren wünscht

D. Schwab

WASSER

Die Sonne scheint. Es ist warm und hat seit Tagen nicht geregnet. Mama geht durch den Garten und betrachtet die bunten Blumen, die ihre Köpfe hängen lassen. Sie ruft: „Lili, Moritz, habt ihr Lust, mit mir die Blumen zu gießen?"
„Ja klar!", antworten die beiden und stehen sofort neben ihr. Damit es keinen Streit gibt, haben Lili und Moritz jeweils ihre eigene kleine Gießkanne. Moritz dreht den Wasserhahn auf und Lili hält ihre Gießkanne darunter. Das Wasser spritzt gegen Lilis nackte Beine. „Hi, hi, meine Beine werden ganz nass."
„Du musst das Loch der Gießkanne genau unter den Wasserstrahl halten. Ja genau, so ist es besser!", sagt Mama.

Mit vollen Gießkannen in der Hand machen sie sich auf. Mama zeigt, welche Blumen gegossen werden müssen. „Das Wasser verschwindet ja sofort im Boden", bemerkt Moritz.
„Ja, der Boden ist so trocken, dass das Wasser gleich in die Ritzen sickert", erklärt Mama.
„Wieso ist hier eigentlich eine Pfütze?", fragt Lili.
„Da habt ihr wohl den Weg und nicht die Blumen gegossen", schmunzelt Mama.

„So, jetzt ist es genug. Vielen Dank für eure Hilfe! Ich glaube, jetzt habt ihr euch auch ein Glas Wasser verdient", sagt Mama.
Mama geht ins Haus und kehrt mit drei vollen Gläsern zurück. Lili und Moritz greifen sofort zu.
„Ich verdurste, Blumen gießen ist anstrengend", meint Lili und trinkt schnell ihr Glas leer.

„Mama, darf ich ein bisschen Wasser und eine Plastiktüte für den Sandkasten haben?", fragt Moritz.
„Ja, natürlich."
Moritz buddelt mit einer großen Schaufel ein tiefes Loch und legt die Plastiktüte hinein. Den Rand der Plastiktüte bedeckt er mit Sand, damit sie nicht wegrutschen kann.
Er nimmt eine Gießkanne und füllt das Loch mit Wasser.
„Juhu – ein richtiger See", jubelt Lili. Sie holt ihr kleines Segelboot und lässt es auf dem See schwimmen.

„Platsch", Moritz hat einen Stein ins Wasser geworfen, der sofort auf den Boden des kleinen Sees fällt.
„Wieso geht das Boot nicht unter?", fragt Lili.
„Das ist doch klar. Ein Boot ist viel größer als ein Stein, hat ein Segel und … n hm … ist eben ein Boot."
Mama hat die Erklärung von Moritz zufällig mit angehört. „So einfach ist das aber nicht. Ob etwas schwimmt oder nicht, hängt nicht damit zusammen, dass es wie ein Boot aussieht."
„Womit dann?", will Moritz wissen.
„Mach doch später mit Papa ein paar Experimente. Ich bin sicher, dass du das selbst herausfinden kannst."

„Mama, das Wasser ist weg", ruft Lili aufgeregt.
„Wasser – welches Wasser?", fragt Mama.
Lili zeigt auf den Weg. „Da war doch vorhin eine Pfütze?!"
„Die habe ich weggezaubert", kichert Moritz.
„Moritz will dich nur an der Nase herumführen. Das Wasser ist bei der Wärme mit der Luft in den Himmel gestiegen."
„Wasser kann aber doch nicht fliegen."
Die Mutter muss lachen. „Das stimmt, Wasser hat keine Flügel. Aber Wasser kann so leicht werden, dass es in und mit der Luft schwebt."
„Das verstehe ich nicht."

„Genau so funktioniert das Wäschetrocknen an der Leine. Das Wasser verschwindet in der Luft. Wenn das nicht so wäre, bliebe die Wäsche nass."

Lili gibt sich fürs Erste mit der Antwort zufrieden und wendet sich wieder dem Sandkastenspiel zu.
Sie rührt mit einem Stöckchen in einem Becher Wasser herum und Moritz schaut ihr zu.
„Ich möchte Sandwasser machen. Irgendwie klappt das aber nicht", sagt Lili.
Moritz schaut in den Becher. Er sieht, wie der Sand durch das Stöckchen aufgewirbelt wird.
„Ich glaube, du musst einfach kräftiger rühren", überlegt er.
Lili nimmt das Stöckchen ganz fest in die Hand und rührt und rührt … und rührt. „Puh, jetzt kann ich nicht mehr. Mein Arm tut schon weh!" Nacheinander schauen sie in den Becher.
„Der Sand ist immer noch da", stellt Moritz fest. Lili nickt enttäuscht.
„Wieso verschwindet der Sand denn nicht im Wasser?", fragt Lili.
„Weiß ich auch nicht. Mit Zucker oder Salz klappt das irgendwie besser", antwortet Moritz.
Gemeinsam rufen sie ganz laut: „Maaamaaa!"
„Was ist los?", fragt Mama von der Terrasse aus.
„Mama, du musst kommen", fordern Lili und Moritz.
„Wieso denn jetzt schon wieder? Ich habe mir gerade einen Tee gemacht."
„Ist der Zucker schon drin?", fragt Lili aufgeregt.
„Äh, nein – wieso?"
„Warte, ich will ihn reinmachen", ruft Lili.
Mama wartet. Lili und Moritz rennen auf die Terrasse. Lili schnappt sich die Zuckerdose, nimmt einen gehäuften Teelöffel Zucker und gibt ihn in die Tasse. Dann rührt sie kräftig und schaut genau, was passiert. Auch Moritz kann seinen Blick nicht von der Tasse wenden. Nach kurzer Zeit werfen sie sich einen geheimnisvollen Blick zu. Es ist eingetreten, was beide erwartet haben. Der Zucker ist weg.
Mama schaut die beiden fragend an: „Was ist denn mit euch los? Es sieht so aus, als wärt ihr einem Geheimnis auf der Spur."
„Wir haben gerade etwas Wichtiges herausgefunden", erklärt Moritz.
„Und was?", fragt Mama.
„Zucker verschwindet im Tee, wenn man rührt", erklärt Moritz.
„Ja, aber mit Sand und Wasser funktioniert das nicht", sagt Lili.
„Mama, weißt du, warum das nicht immer gleich ist?", fragt Moritz.
„Da muss ich euch leider enttäuschen. Das weiß ich auch nicht. Vielleicht weiß Papa das."

Mama will die beiden ablenken. „Was haltet ihr von einem Eis?"
„Jaaaaaaaa, unser selbst gemachtes Apfelsafteis schmeckt sooo lecker", ruft Lili und springt vor Freude in die Luft.
Mama holt zwei Portionen Eis aus der Tiefkühltruhe. Sie zieht jeweils den Deckel ab und reicht jedem ein Apfelsafteis am Stiel.
„Warum ist der Apfelsaft jetzt eigentlich fest?", fragt Lili.
„Ihr fragt mir heute wirklich Löcher in den Bauch", lacht Mama.
„Rumms!" Sie hören, wie die Haustür zufällt.
„Papa ist da!", rufen Moritz und Lili. „Jetzt können wir Experimente machen."

GRUNDLAGEN

Wasser ist eine Flüssigkeit

Material

Plastikbecher gefüllt mit Wasser, Plastikbecher gefüllt mit größeren Steinchen, zwei leere Plastikbecher

Kindliche Realität

Wasser passt sich der Form eines Schwimmbades oder eines Aquariums ganz gleichmäßig an.

Und so wird's gemacht

Die Kinder ordnen dem Inhalt der gefüllten Becher die Begriffe „fest" und „flüssig" zu und beschreiben die Unterschiede. Im Anschluss daran kippen sie Wasser und Steine in die leeren Becher.

Die Kinder beobachten

Die Steine liegen ungeordnet aufeinander. Dazwischen gibt es Hohlräume. Wird der Inhalt umgeschüttet, fallen die Steine deutlich hörbar mit einem Plumps in den Becher und liegen wiederum ohne erkennbare Ordnung aufeinander. Das Wasser bildet eine homogene Einheit mit einer ebenen Oberfläche. Es fließt als Strahl nach und nach von einem in den anderen Becher, zuletzt fallen Wassertropfen. Es bildet sich erneut eine glatte Oberfläche.

Erklärung

Flüssigkeiten verhalten sich anders als feste Dinge. Wasserteilchen können sich leicht voneinander trennen, z. B. in Form von Wassertropfen, und sich wieder verbinden. Zwei Steine werden nicht zu einem Stein, wenn sie zusammengeführt werden. Wasser als Flüssigkeit hat keine feste Form, es passt sich dem Gefäß an, in dem es sich befindet.

Wasser fließt

Material

Gießkanne gefüllt mit Wasser

Kindliche Realität

Kommt man aus dem Wasser und bleibt stehen, fließt das Wasser aus den Haaren und vom Körper nach unten und bildet an den Füßen eine Pfütze.

Und so wird's gemacht

Das Experiment lässt sich am besten draußen durchführen. Die Kinder gießen einen Teil des Wassers auf den Boden. Anschließend gießen sie sich das Wasser in die Hände und versuchen, es festzuhalten.

Die Kinder beobachten

Das Wasser fließt/fällt auf den Boden und breitet sich schnell in alle Richtungen aus. Wird das Wasser in die Kinderhände gegossen, kann ein Großteil dessen vorübergehend gesammelt werden. Nach und nach fließt es aber durch die Ritzen zwischen den Fingern auf den Boden.

Erklärung

Wasser ist eine Flüssigkeit. Wie alle Flüssigkeiten breitet sich auch Wasser zu allen Seiten aus, bis es Halt findet. Wasser fließt dabei auf seinem Weg nach unten in alle Ritzen und in die kleinsten Löcher.

WASSERFLUSS

Wasser kann auch bergauf klettern

Und so wird's gemacht
Die Kinder füllen das Glas mit Wasser und färben es mit etwas Deckfarbe ein. Sie halten zuerst das Taschentuch und danach den Strohhalm senkrecht ins Wasserglas.

Die Kinder beobachten
Das Wasser steigt sowohl im Taschentuch als auch im Strohhalm über den Wasserstand im Glas.

Erklärung
Hier fließt das Wasser nicht nach oben, es wird stattdessen in die Höhe gezogen. Der enge Strohhalm und kleine Hohlräume im Taschentuch saugen das Wasser nach oben (sogenannte Kapillarkräfte).

Tipp
Je dünner der Strohhalm, desto höher steigt das das Wasser.

Material

Glas, Wasser, Papiertaschentuch, durchsichtiger, dünner Strohhalm, Deckfarbe

Kindliche Realität

Schwämme, Waschlappen etc. saugen auf die gleiche Weise Wasser auf.

Ärzte haben kleine Röhrchen, mit denen sie von der Haut kleine Mengen Blut sammeln.

Wasser drückt

Und so wird's gemacht
Dieses Experiment sollte am besten im Freien durchgeführt werden.
Mit dem Nagel 3–4 Löcher in senkrechter Reihe in die Flasche drücken (ggf. mit Hammer nachhelfen). Diese kleben die Kinder mit Klebefilm zu. Dann füllen sie die Flasche mit Wasser und stellen sie auf einen umgedrehten Topf. Vor die Löcher stellen sie die Schüssel. Möglichst gleichzeitig entfernen die Kinder die Klebefilmstreifen von der Flasche.

Die Kinder beobachten
Das Wasser fließt in Strahlen aus der Flasche. Der Verlauf der Wasserstrahlen ist unterschiedlich. Je weiter unten sich das Loch befindet, desto stärker ist der Strahl.

Erklärung
Das Gewicht des Wassers drückt von oben, das ist der Wasserdruck. Der Wasserdruck nimmt bei zunehmender Wassertiefe zu, weil mehr Wasser von oben drückt. Bei unterschiedlichem Wasserdruck zeigen sich jeweils andere Verlaufsformen des Wasserstrahls.

Material

größere Plastikflasche, Wasser, Klebefilm, Nagel, große Schüssel, Hammer, Topf

Kindliche Realität

Beim Tauchen spürt man deutlich, wie der Druck des Wassers zunimmt (z. B. in den Ohren).

MISCHBARKEIT

Wasser als Lösungsmittel

Material

zwei Gläser, Wasser, Teelöffel, Sand, Salz

Kindliche Realität

Meerwasser schmeckt salzig, weil sich Salz darin gelöst hat. Der Sand setzt sich dagegen am Meeresboden ab.

Und so wird's gemacht

Die Kinder füllen beide Gläser mit Wasser. In eines geben sie einen Teelöffel Salz, in das andere einen Teelöffel Sand und rühren die Mischungen um.

Die Kinder beobachten

Salz und Sand fallen zunächst auf den Boden des Glases. Der Teelöffel wirbelt sowohl das Salz als auch den Sand auf. Die Salzkörner werden weniger und verschwinden schließlich ganz. Der Sand wird nicht weniger, sondern setzt sich wieder am Boden ab, wenn die Kinder nicht mehr rühren.

Erklärung

Wasser kann das Salz in kleine Kristalle zerlegen. Diese verteilen sich gleichmäßig in den Lücken zwischen den Wasserteilchen. Salz löst sich deshalb in Wasser.
Sand ist kompakter als Salz und kann vom Wasser nicht in kleine Teile zerlegt werden.

Öl mischt sich nicht mit Wasser

Material

zwei Reagenzgläser (oder anderes Glas mit Deckel), Öl, Wasser, Tinte

Kindliche Realität

Fettaugen schwimmen auf der Suppe oder in der Salatsoße.

Und so wird's gemacht

Die Kinder füllen beide Gläser zur Hälfte mit Wasser. In ein Glas tropfen sie etwas Tinte, in das andere etwas Öl. Sie verschließen die Gläser mit Deckel oder Daumen und schütteln sie.
Später fügen sie etwas Tinte in das Glas mit dem Öl, beobachten das Ganze und schütteln erneut.

Die Kinder beobachten

Die Tinte sinkt langsam zu Boden und verteilt sich ungleichmäßig im Wasser. Nach dem Schütteln ist das Wasser gleichmäßig blau.
Das Öl setzt sich an der Wasseroberfläche ab. Nach dem Schütteln sieht es so aus, als ob sich Wasser und Öl mischen, doch dann bilden sich erneut zwei Schichten.

Tropft man Tinte ins Glas mit der Wasser-Öl-Mischung, fallen die Tropfen zuerst ins Öl, formen sich zu Kugeln und sinken nach unten. Treffen sie aufs Wasser, fallen sie auseinander und die Tinte sinkt zu Boden. Nach dem Schütteln entsteht ein scheinbar gleichmäßiges Gemisch, doch nach kurzer Zeit wird sichtbar, dass sich die Tinte nur mit dem Wasser vermischt hat und sich das Öl wieder an der Oberfläche absetzt.

Erklärung

Viele Flüssigkeiten (wie Wasser und Tinte) sind ähnlich aufgebaut, sodass sie sich miteinander mischen. Wasserteilchen haben eine andere Form als Fettteilchen. Diese passen nicht zusammen und mischen sich daher nicht. Tinte mischt sich deshalb auch nicht mit Öl. Um wenig Berührungsfläche mit dem Öl zu haben, nimmt sie die kugelige Form ein. Da Öl leichter als Wasser ist, schwimmt es auf der Wasseroberfläche. Tinte sinkt im Öl nach unten, weil auch sie schwerer ist als Öl. Erreicht die Tinte das Wasser, vermischt sie sich sofort damit.

SCHWIMMEN UND SINKEN

Was schwimmt?

Und so wird's gemacht
Die Kinder wiegen die Bälle, um festzustellen, welcher Ball schwerer ist. Dann füllen sie die Schüssel mit Wasser und legen die Bälle hinein.

Die Kinder beobachten
Der Tischtennisball schwimmt im Wasser. Der bei fast gleicher Größe schwerere Golfball geht unter.

Erklärung
Grundsätzlich geht ein Gegenstand unter, wenn er schwerer als Wasser ist. Dabei muss der Gegenstand aber mit der gleichen Menge an Wasser verglichen werden (Vergleich der Dichte!).
Der Tischtennisball enthält Luft und ist deshalb leichter als die gleiche Menge an Wasser, der Golfball enthält keine Luft und ist somit deutlich schwerer.

Tipp
Zur Verdeutlichung was „gleiche Menge Wasser" bedeutet, kann ein Luftballon so mit Wasser gefüllt werden, dass er genauso groß ist wie ein Golfball. Den gefüllten Luftballon mit dem Gewicht des Golfballes vergleichen.

Material

durchsichtige Schüssel, Wasser, Tischtennisball, Golfball, Balkenwaage

Kindliche Realität

Schwimmflügel halten den Körper an der Wasseroberfläche. Da diese mit Luft gefüllt sind, sind sie leichter als die gleiche Menge an Wasser.

Gleich schwer und trotzdem anders

Und so wird's gemacht
Die Kinder füllen die Schüssel mit Wasser. Sie formen ein größeres Stück der Knetmasse zu einer Kugel und legen diese ins Wasser.
Nun nehmen sie die Knetmasse wieder heraus und trocknen sie mit Küchenkrepp. Sie formen diese zu einem kleinen Boot und legen es ins Wasser.

Die Kinder beobachten
Die Knetkugel geht im Wasser unter. Das kleine Knetboot schwimmt.

Erklärung
Als Boot ist die Knetkugel großflächiger geworden und wurde mit Luft gefüllt. Das Boot ist leichter als eine vergleichbare Menge Wasser und kann im Gegensatz zur Kugel schwimmen.

Tipp
Zusätzlich Eiswürfel schwimmen lassen. Gefriert Wasser, dehnt es sich aus und es entstehen i. d. R. mit Luft gefüllte Hohlräume. Eis ist somit leichter als die vergleichbare Menge Wasser.

Material

durchsichtige Schüssel, Wasser, Knetmasse, Küchenkrepp

Kindliche Realität

Boote schwimmen. Bekommen diese ein Loch, sodass Wasser eindringt, gehen sie unter.

Schwimmendes Ei

Material

zwei Eier, zwei Gläser, Salz, Wasser, Teelöffel

Kindliche Realität

Meerwasser trägt uns beim Schwimmen besser als Süßwasser.

Und so wird's gemacht

Die Kinder füllen die Gläser mit Wasser. In das erste Glas lassen sie langsam ein Ei sinken. In das Wasser des zweiten Glases rühren sie einige Teelöffel Salz, bis das Wasser trüb ist und sich weiteres Salz nicht mehr löst. Dann legen sie das zweite Ei in dieses Glas.

Die Kinder beobachten

Das Ei des ersten Glases fällt langsam auf den Glasboden und bleibt liegen.
Beim zweiten Glas sinkt das Ei kurz zu Boden, löst sich dann aber wieder und schwimmt im bzw. auf dem Wasser.

Erklärung

Ein Ei ist schwerer als die vergleichbare Menge Wasser und sinkt deshalb zu Boden.
Salzwasser ist schwerer als Süßwasser, weil sich die Salzteilchen in die Lücken der Wasserteilchen geschoben haben. Ab einem gewissen Salzgehalt ist es schwerer als ein Ei, sodass dieses schwimmt.

Süßwasser auf Salzwasser

Material

blaue und gelbe Wasserfarbe, Pinsel, drei Gläser, Salz, Wasser, Teelöffel, Pipette

Kindliche Realität

Regenwasser hält sich im Meer zunächst an der Wasseroberfläche. Durch die Bewegung des Meeres mischt sich das Ganze.

Und so wird's gemacht

Die Kinder füllen zwei Gläser bis zu 1/3 mit Wasser und färben es jeweils mit der blauen Farbe kräftig ein. Sie füllen ein weiteres Glas zur Hälfte mit Wasser und färben dieses mit gelber Farbe ein. Mit der Pipette träufeln sie die Hälfte des gelben Wassers vorsichtig in das erste Glas mit dem blauen Wasser.
In einem zweiten Versuch rühren die Kinder in das zweite Glas mit der blauen Farbe erst einige Teelöffel Salz ein (bis sich kein weiteres Salz mehr löst) und träufeln den Rest der gelben Farbe ein.

Die Kinder beobachten

Beim ersten Versuch versinkt das gelbe im blauen Wasser und vermischt sich damit. Das Wasser färbt sich grün.

Beim zweiten Versuch entstehen drei Phasen: unten setzt sich das blaue Wasser ab, oben das gelbe und dazwischen ist eine dünne Schicht mit grünlichem Wasser.

Erklärung

Blaues und gelbes Wasser mischen sich. Je nach Blauanteil färbt sich das Wasser grün.
Da Salzwasser schwerer als Süßwasser ist, legt sich das gelbe Wasser auf das schwerere blaue und vermischt sich nicht damit. Durch die Bewegung der einfallenden Tropfen kommt es an der Grenze aber doch zu einem Gemisch, erkennbar an der dünnen, grünen Farbschicht.

Tipp

Die zweite Variante funktioniert nur, wenn das Süßwasser ganz vorsichtig hineingeträufelt wird.

Wasser verschwindet

Und so wird's gemacht
Die Kinder markieren beide Gläser auf gleicher Höhe (im oberen Drittel) und füllen beide Gläser bis zur Markierung mit Leitungswasser. Jetzt gilt es zu beobachten, ob die Wassermenge unverändert bleibt, wenn die Kinder das eine Glas an einen warmen Ort (auf die Heizung, ins Sonnenlicht etc.) und das andere Glas an einen kalten Ort stellen.

Die Kinder beobachten
Schon nach einem Tag ist der Wasserstand in beiden Gläsern gesunken. Am warmen Ort ist aber deutlich mehr Wasser verschwunden. Je mehr Tage vergehen, desto niedriger wird der Wasserstand in den Gläsern.

Erklärung
Wenn Luft und Wasser aneinanderreiben, dann nehmen die Luftteilchen einen Teil der Wasserteilchen mit. Das nennt man Verdunstung! Wärme und auch Wind beschleunigen die Verdunstung.

Material

zwei identische Gläser,
Wasser,
Permanent Marker

Kindliche Realität

Straßen und Pfützen trocknen in der Sonne.

Wäsche (Badekleidung) trocknet bei Sonne und Wind viel schneller.

Wasser aus dem Nichts

Und so wird's gemacht
Die Kinder legen das leere, trockene Glas über einige Stunden ins Gefrierfach. Dann nehmen sie es heraus und berühren es von außen.

Die Kinder beobachten
Das Glas beschlägt sofort. Zuerst bildet sich außen am Glas eine Reifschicht, die nach kurzer Zeit taut und so Wassertropfen an der Glaswand bildet.

Erklärung
Der Wasserdampf in der Luft kühlt sich an den kalten Glaswänden ab. Wenn sich Wasserdampf abkühlt, wird er flüssig, d. h. der Wasserdampf kondensiert.

Material

leeres Glas, Gefrierfach

Kindliche Realität

Im Winter beschlagen die Fenster im Badezimmer nach einer warmen Dusche.

Brillengläser beschlagen im Winter häufig, wenn man von draußen ins warme Zimmer kommt oder wenn man die Spülmaschinentür öffnet und die feuchte Wärme aus der Maschine strömt.

Regen machen

Material

Wasserkocher halb gefüllt mit Wasser, Stromquelle, großer Topfdeckel

Kindliche Realität

Jede Wolke ist ein Gebilde aus kleinen Wassertropfen, die zu Boden fallen, wenn sie zu schwer werden.

Und so wird's gemacht

Die Kinder bringen das Wasser zum Kochen, bis Dampf aufsteigt. Nachdem sich eine große Dampfwolke gebildet hat, halten sie einen Topfdeckel schräg in den aufsteigenden Dampf.

Die Kinder beobachten

Die Innenseite des Deckels wird feucht. Es bilden sich Wassertropfen, die am Deckel entlangfließen und schließlich herunterfallen.

Erklärung

Kocht Wasser, wird es gasförmig und steigt in die Luft auf. Trifft der Wasserdampf auf den kälteren Topfdeckel, kühlt er sich ab und wird wieder flüssig.

Achtung: Das ist ein Experiment, bei dem Verbrennungsgefahr besteht. Deswegen muss der Wasserkocher immer ganz stabil stehen oder von einem Erwachsenen festgehalten werden!

Salzwasser – Wasser = Salz

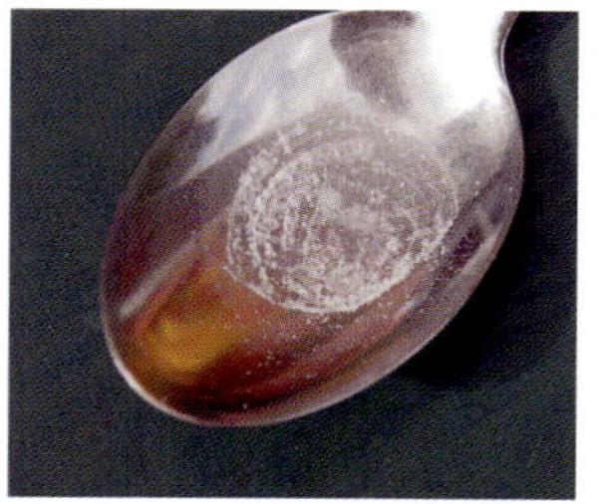

Material

Salzwasser, Esslöffel, Teelicht, Feuerzeug

Kindliche Realität

Wenn Schweiß verdunstet, schmeckt die Haut anschließend häufig salzig.

Und so wird's gemacht

Die Kinder erwärmen etwas Salzwasser im Esslöffel so lange über dem brennenden Teelicht, bis das Wasser verdunstet ist.

Die Kinder beobachten

Das Wasser verschwindet. Auf dem Löffel wird eine weiße Kruste sichtbar.

Erklärung

Bei der Verdunstung von Salzwasser verdunstet nur das Wasser. Das Salz bleibt auf dem Löffel zurück.

Tipp

Das Experiment funktioniert schon mit ganz wenigen Tropfen. Bei zu viel Salzwasser dauert der Verdunstungsvorgang sehr lange!

Achtung: Der Löffel wird sehr heiß! Nach dem Abkühlen können die Kinder die weiße Kruste probieren.

Eis herstellen

Und so wird's gemacht

Die Kinder füllen Wasser in die Dose, verschließen sie mit dem Deckel und stellen sie ins Gefrierfach. Nach zwei Stunden nehmen sie die Dose heraus und öffnen sie vorsichtig. Sie schauen und fühlen, was sich bei dem Wasser verändert hat und stellen die Dose wieder zurück.
Am Morgen danach schauen und fühlen sie wieder, was sich in der Dose verändert hat. Dabei drehen sie die Dose auch um.

Die Kinder beobachten

Wird die Dose nach zwei Stunden aus dem Gefrierfach genommen, hat sich auf dem Wasser eine hauchdünne Eisschicht gebildet. Unter der Eisschicht ist das Wasser noch flüssig.
Am nächsten Tag ist das Wasser fest und lässt sich nicht mehr eindrücken. Das Eis löst sich auch durch Umdrehen nicht aus der Dose.

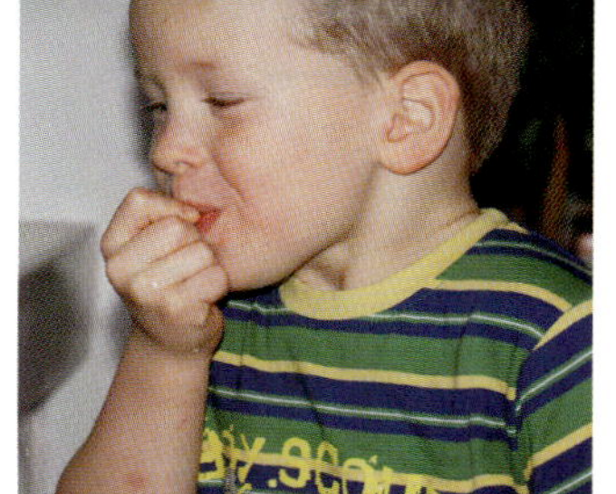

Erklärung

Wird Wasser sehr kalt, gefriert es zu Eis. Nach zwei Stunden ist das Wasser nur an der Oberfläche gefroren. Ab 4 °C abwärts dehnt sich Wasser aus. Es ist dadurch leichter und steigt nach oben. Wasser gefriert demnach immer von oben nach unten!
Nach einer ganzen Nacht ist das Wasser komplett gefroren.

Tipp

Wurde die Dose bis zum Rand gefüllt, hat das Eis den Deckel hochgeschoben. Eis braucht mehr Platz als Wasser. Deshalb sollte Eis nie in Glasgefäßen hergestellt werden. Es besteht die Gefahr, dass das Gefäß platzt. Man kann bei diesem Versuch auch Apfelsaft in Eisförmchen oder Eiswürfelbehälter füllen. So entsteht leckeres Apfelsafteis.

Material

Plastikdose mit Deckel, Wasser, Gefrierfach

Kindliche Realität

Im Winter gefrieren Pfützen, Teiche oder auch Seen.
Weil Eis von oben nach unten gefriert, sind gefrorene Eisflächen unter Umständen sehr dünn und somit gefährlich.

Eis schmilzt

Und so wird's gemacht

Die Kinder nehmen die Eiswürfel in die Hand und spielen damit. Anschließend füllen sie das Glas mit warmem Wasser und lassen einige Eiswürfel in das Glas gleiten.

Die Kinder beobachten

Wird das Eis in der Hand gehalten, taut es langsam und zerläuft, Wasser tropft herunter.
Im warmen Wasser schwimmen die Eiswürfel kurz auf der Oberfläche und lösen sich auf.

Erklärung

Wenn sich Eis erwärmt, beginnt es zu tauen und wird wieder flüssig. Das geht umso schneller, je wärmer die Umgebung ist.

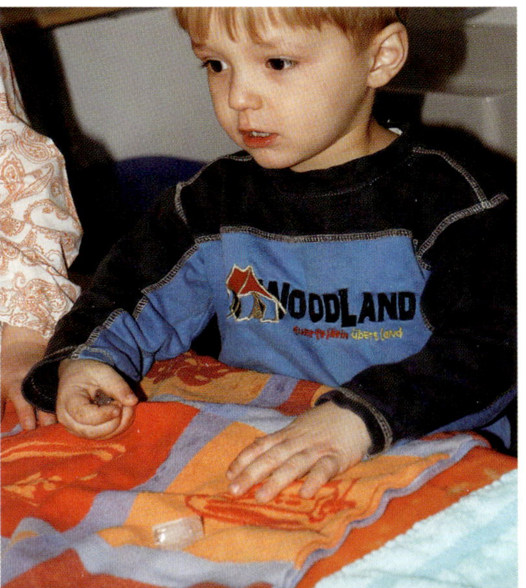

Material

Eiswürfel, Handtuch, Glas, sehr warmes Wasser

Kindliche Realität

Spätestens im Frühling, wenn es wieder wärmer wird, schmelzen Eis und Schnee und auch der Schneemann verliert seine Form.

Lutscht man im Sommer ein Eis, beginnt es zu schmelzen, wenn man es langsam isst.

LUFT

Heute kommt Opa zu Besuch. Opa hat nämlich Geburtstag. Lili und Moritz wollen ihren Großvater mit einem Kuchen und einem schön dekorierten Wohnzimmer überraschen. Gerade holen die beiden den lecker duftenden Schokoladenkuchen aus dem Ofen und stellen ihn zum Abkühlen auf ein Gitter. Nun können sie mit der Raumdekoration beginnen. „Mama, wir brauchen ganz viele Luftballons", sagt Lili. „Hier sind bunte Luftballons, nehmt euch so viele ihr wollt", antwortet Mama.

Als Moritz versucht, einen Luftballon nach dem Aufblasen zuzuknoten, rutscht ihm dieser aus der Hand. „Pfffffffhhhhh" saust der Luftballon kreuz und quer durch den Raum.
Lili klatscht in die Hände. „Das ist lustig." Mama hält auch einen aufgeblasenen Luftballon hoch und lässt ihn los. Wieder macht es „Pffffffffhhhhh" durch den Raum.
„Nochmal, nochmal!", rufen Lili und Moritz.
„Wenn wir so weitermachen, blasen wir noch Luftballons auf, wenn Opa schon da ist", schmunzelt Mama. Aber weil die Kinder eine Riesenfreude haben, macht sie weiter und bläst einen Luftballon nach dem anderen auf.

Plötzlich sagt Mama: „Uih, das war wohl zu viel, mir wird ganz schwindelig. Ich muss mich schnell hinsetzen."
„Mama, was ist los?", fragt Lili besorgt.
„Papa, komm schnell!", ruft Moritz. Papa eilt zur Tür herein.
„Was ist denn los? Du bist ja ganz blass!", stellt Papa fest.
„Mir war etwas schwindelig, es ist aber schon wieder besser", antwortet Mama.
Nach und nach kehrt Farbe in Mamas Gesicht zurück. Moritz und Lili sind erleichtert.
Papa schaut Mama besorgt an: „Ganz tief Luft holen!"
„Luft holen ... etwa mit einem Becher oder noch besser mit einer Tasche?", kichert Moritz.
Lili holt einen Becher und reicht ihn Papa: „Papa, hier ist ein Becher."
Aus Papas Gesicht weicht die Sorge um Mama, stattdessen muss er lachen. „Lili, du bist lustig. Wenn ich sage, dass Mama Luft holen soll, dann meine ich damit, dass sie einatmen soll." Mama atmet tief ein und aus. Dabei bewegt sich ihr Bauch langsam nach oben und wieder nach unten.
„Du, Papa, was genau ist eigentlich Luft?", fragt Lili.
„Weißt du das?", gibt Papa die Frage an Moritz weiter.
Moritz überlegt und sagt dann: „Luft, ja Luft ..., das ist etwas, das hier herumfliegt."
„Wo fliegt denn überall Luft herum?", fragt Papa weiter.
„In der Schule, auf der Straße, im Garten und ..."
„... aber auch im Kindergarten", ergänzt Lili.
„Ihr habt recht, Luft gibt es überall – na ja, fast überall."
„Wo gibt es denn keine Luft?", will Moritz wissen.
„Im Weltraum!"
„Im Weltraum gibt es keine Luft?", wiederholt Moritz überrascht.
„Ja, Luft gibt es nur bei uns auf der Erde."

„Kinder, was haltet ihr davon, wenn Mama und ich das hier fertig machen und ihr draußen Fahrrad fahrt – so lange, bis Opa da ist?"
„Au ja, das machen wir", antwortet Moritz. Er nimmt seine Schwester an der Hand und zieht sie mit nach draußen.

Es dauert keine zehn Minuten, da klingelt es an der Haustür. Papa öffnet die Tür und sieht in Lilis traurige Augen.

„Mein Reifen ist platt."
Papa nimmt Lili in den Arm. „Dann lass uns mal schauen."
Er betrachtet den Reifen und dreht am Ventil.
„Ich habe es schon, das Ventil war nicht zugedreht. Ich hole schnell die Luftpumpe und pumpe den Reifen wieder auf." Kurze Zeit später ist das Fahrrad wieder funktionstüchtig.
„So, jetzt trägt dich der Reifen wieder."
„Du bist toll, Papa", sagt Lili und drückt ihrem Vater einen Kuss auf die Wange.

Moritz kommt mit seinem Fahrrad angebraust und macht eine Vollbremsung vor den beiden. „Huch", Papa springt erschrocken zur Seite.
„Am Himmel ist ein Heißluftballon", ruft Moritz begeistert.
„Wo ist ein Heißluftballon?", fragt Papa.
„Da, ich sehe ihn", schreit Lili begeistert.
Und dann sieht ihn auch Papa. Ein knallroter Heißluftballon schwebt am Himmel.
„Gibt es da oben überhaupt noch Luft?", fragt Lili.
„Ja, da gibt es noch ganz viel Luft. Der Weltraum fängt erst viel weiter oben an."
„Wie kommt der Heißluftballon denn überhaupt da hoch?", will Moritz wissen.
„Das ist gar nicht so einfach", erklärt Papa. „Es wird ganz heiße Luft in den Ballon geblasen, die den Ballon steigen lässt!"
„Ich möchte auch mal mit einem Heißluftballon hoch in die Luft", sagt Moritz.
„Ich weiß gar nicht, ob die Kinder schon mitnehmen. Aber wenn du größer bist, kannst du das sicher einmal machen."

Da fährt Opa mit seinem Auto vor.
„Opa, Opa", rufen die Kinder und fallen ihm um den Hals.
„He, Kinder, nicht so stürmisch", mahnt Papa lachend und gratuliert Opa natürlich auch.
Die Kinder eilen ins Haus und setzen sich an den gedeckten Kaffeetisch. Sie können es kaum erwarten, endlich vom Schokoladenkuchen zu probieren. Als sich Lilis Hand dem Kuchen nähert, ruft Papa: „Halt, es werden zuerst die Kerzen angezündet."
„... und es wird ein Geburtstagslied gesungen", ergänzt Mama. Opas Augen glänzen vor Freude und Rührung, als das Lied erklingt.

Dann erklärt Lili: „Opa, du musst jetzt die Kerzen ausblasen und dir etwas wünschen." Der Großvater bläst seine Backen auf und pustet so fest er kann. Mit einem Mal sind alle Kerzen aus.
„Bravo!", klatscht Lili. „Was hast du dir gewünscht?"
„Aber das ist doch mein Geheimnis", antwortet Opa.
„Schade", grummelt Lili.
„Ich verrate dir aber ein anderes Geheimnis."
Lili drückt ihr Ohr an Opas Mund. „Ich würde so gerne von eurem leckeren Schokoladenkuchen probieren. Mir läuft das Wasser schon im Mund zusammen."
Lili grinst. „Mir auch."
Schnell legt sie Opa ein Stück auf den Teller, der sofort probiert.
„Mmh, das ist ein ganz besonders leckerer Kuchen", schwärmt Opa und schaut zufrieden in die Runde.

GRUNDLAGEN

Luft ist überall

Material

leeres Glas, mit Wasser gefüllte, durchsichtige Schüssel

Kindliche Realität

Will man eine undichte Stelle im Fahrradschlauch finden, hält man ihn ins Wasser – am Loch steigen Luftblasen auf.

Und so wird's gemacht
Ein Glas steht vor den Kindern. Sie vermuten, dass das Glas leer ist. Sie tauchen das Glas mit der Öffnung nach unten in die Schüssel und kippen es leicht zur Seite.

Die Kinder beobachten
Wird das Glas senkrecht ins Wasser gehalten, füllt es sich nicht mit Wasser, doch sobald es gekippt wird, steigen Luftblasen auf.

Erklärung
In dem „leeren" Glas befindet sich Luft. Solange das Glas senkrecht ins Wasser gehalten wird, bleibt die Luft im Glas eingeschlossen, weil sie

nicht entweichen kann. Solange die Luft den Platz im Glas beansprucht, kann kein Wasser eindringen. Wird das Glas gekippt, entweicht die Luft in Form von Luftblasen nach oben. Die Luft tritt aus, weil sie leichter ist als Wasser. Jetzt ist im Glas Platz für das Wasser, welches sofort den Platz einnimmt.

Wie ist Luft im Vergleich?

Material

Glas mit Wasser, Glas mit ungekochten Nudeln, Glas mit „Luft", drei leere Gläser

Kindliche Realität

Ohne einen Luftzug zu erzeugen können wir Luft nicht sehen und nicht fühlen.

Und so wird's gemacht
Die Kinder stellen das Glas mit Wasser, das Glas mit den Nudeln sowie ein leeres Glas nebeneinander. Nun bestimmen sie den Inhalt der drei Gläser, berühren die verschiedenen Inhalte und schütten diese jeweils in ein leeres Glas.

Die Kinder beobachten
Das Wasser ist nass, es fließt/tropft von einem Glas ins andere. Die Luft kann nicht erfühlt werden und lässt sich nicht sichtbar von einem ins andere Glas schütten. Die Nudeln sind hart und fallen von einem ins andere Glas.

Erklärung
Luft ist ein Gas, Wasser ist flüssig, Nudeln sind fest. Daraus ergeben sich jeweils andere Eigenschaften. Luft ist farblos und nicht sichtbar. Unbewegte Luft ist nicht greifbar. Luft ist leichter als Nudeln und Wasser, deswegen wird Luft verdrängt, wenn Wasser oder Nudeln in ein leeres Glas geschüttet werden. Wenn schon Luft im Glas ist, lässt sich diese durch weiteres Hinzugeben von Luft nicht sichtbar verdrängen.

Tipp
Luft umfüllen: Das Glas so in eine mit Wasser gefüllte Schüssel tauchen, dass Wasser eindringen kann. Ist es gefüllt, mit der Öffnung nach unten drehen und nach oben ziehen, sodass ein weiteres Glas darunter passt, die Öffnung aber im Wasser bleibt. Nun ein zweites Glas mit der Öffnung nach unten unter das erste tauchen. Wenn das untere Glas gekippt wird, steigen Luftblasen auf, die das Wasser verdrängen und das obere Glas mit Luft füllen.

Luft braucht Platz

Und so wird's gemacht

Die Kinder stellen den Trichter in die Flaschenöffnung. Sie gießen Wasser hinein und beobachten, wie schnell das Wasser in die Flasche fließt. Jetzt dichten sie den Bereich zwischen Trichter und Flaschenöffnung mit Knetmasse ab. Wieder gießen sie Wasser in den Trichter und beobachten, ob Wasser fließt. Zuletzt stechen sie mit der Nadel ein Loch in die Knetmasse und beobachten, wie sich das Wasser verhält.

Die Kinder beobachten

Ohne Knetabdichtung fließt das Wasser schnell in die Flasche. Mit der Knetabdichtung fließen anfangs ein paar Tropfen in die Flasche, aber dann stoppt der Wasserfluss. Das Wasser bleibt im Trichter stehen. Wird ein Loch in die Knetabdichtung gebohrt, fließt das Wasser wieder.

Erklärung

In der leeren Flasche befindet sich Luft. Die Flasche kann nur mit Wasser gefüllt werden, wenn die Luft gleichzeitig verdrängt wird. Die verdrängte Luft verlässt die Flasche primär durch den Bereich zwischen Trichter und Rand der Flaschenöffnung. Wenn dieser abgedichtet ist, kann die Luft hier nicht mehr entweichen. Luft kann aber auch über die Trichteröffnung entweichen, solange das Wasser diese noch nicht ganz verschlossen hat. Wird ein Loch in die Knetabdichtung gestochen, fließt das Wasser, weil die Luft jetzt durch dieses Loch entweichen kann.

Tipp

Bei einer großen Trichteröffnung kann es passieren, dass Wasser fließt und gleichzeitig Luft entweicht. Das ist gut sichtbar und hörbar.

Material

leere Glasflasche,
mit Wasser gefüllter Messbecher zum Gießen,
Trichter, Knetmasse,
dicke Nadel

Kindliche Realität

Aufgeblasene Schwimmflügel, Schwimmreifen oder Luftballons nehmen deutlich mehr Platz ein als im unaufgeblasenen Zustand. Die Luft im Inneren der Gegenstände braucht also Platz.

Luft bremst

Material

Plastiktüte, zwei Sektkorken, Wolle/Schnur, Schere, Filzstifte

Kindliche Realität

Rennen mit offenem Regenschirm ist schwerer als mit geschlossenem.

Und so wird's gemacht

Die Kinder basteln mit der Unterstützung eines Erwachsenen einen Fallschirm für ein Korkenmännchen. Sie malen hierfür auf beide Korken ein Gesicht. An den vier Ecken der Plastiktüte befestigen sie jeweils eine Schnur, indem die Schnur um jede Ecke herumgewickelt und fest verknotet wird. Die Enden der vier Schnüre knoten sie so zusammen, dass noch genügend Schnur übrig bleibt, um ein Korkenmännchen daran zu befestigen. Jetzt hat eines der beiden Männchen einen Fallschirm, das andere nicht. Die Kinder lassen beide Sektkorkenmännchen fallen. Welches Männchen erreicht zuerst den Boden?

Die Kinder beobachten

Das Männchen ohne Fallschirm erreicht den Boden zuerst.

Erklärung

Wenn ein Gegenstand auf Luft trifft, wird er von den vielen kleinen Luftteilchen gebremst. Je größer die Fläche des Gegenstandes ist, desto größer ist die Bremskraft der Luftteilchen. Das Korkenmännchen mit dem Fallschirm fällt deshalb nicht so schnell herunter.

Luft hat viel Kraft

Material

Tischtennisbälle, Bauklötzchen o. Ä., Schnur

Kindliche Realität

Wenn wir ins Mehl pusten, fliegen die leichten Mehlteilchen sofort hoch.

Der Wind fegt im Herbst das Laub über die Straße.

Und so wird's gemacht

Die Kinder bauen mit Bauklötzen zwei längere, identische Rennstrecken für Tischtennisbälle und markieren mit einem Stück Schnur Start- und Ziellinie. Vor beiden Startlinien liegt ein Ball, der ohne Berührung über die Ziellinie hinaus befördert werden soll. Es treten immer zwei Kinder gegeneinander an. Wer zuerst im Ziel ist, hat gewonnen.

Die Kinder beobachten

Wenn die Kinder die Tischtennisbälle anpusten, können sie diese fortbewegen. Die Bälle bewegen sich genau in die Richtung, in welche die Kinder blasen. Je stärker sie pusten, desto schneller bewegen sich die Tischtennisbälle.

Erklärung

Wenn die Kinder pusten, setzen sie Luft in Bewegung. Die kleinen Luftteilchen treffen dann mit Schwung auf Gegenstände, die im Weg sind und üben Druck auf diese aus. Wenn diese sehr leicht sind, reicht ein verhältnismäßig geringer Druck aus, um sie fortzubewegen.

Tipp

Werden in die Rennstrecke Kurven eingebaut, wird es noch deutlicher, dass genau in die Richtung geblasen werden muss, in die sich der Ball bewegen soll.

BESTANDTEILE DER LUFT

Sauerstoff

Und so wird's gemacht
Unter Aufsicht zünden die Kinder die Teelichter an. Wenn die Kerzen gut brennen, stülpen die Kinder jeweils ein Glas darüber.

Die Kinder beobachten
Zunächst brennen die Teelichter weiter. Nach und nach werden die Flammen kleiner, bis die Kerzen schließlich verlöschen. Je größer das Glas, desto länger brennen die Teelichter.

Erklärung
Ein Bestandteil der Luft ist freier Sauerstoff, den die Kerzenflamme beim Brennen verbraucht. Ist der Sauerstoff im Glas aufgebraucht, geht das Feuer aus. Je größer das Glas ist, desto mehr Sauerstoff befindet sich darin. Deshalb brennt das Teelicht im größeren Glas länger.

Hinweis
Der größte Teil der Luft besteht aus Stickstoff. Dieser Bestandteil hat nahezu keinen Bezug zur kindlichen Welt und wird deshalb in unseren Versuchen vernachlässigt.

Material

zwei Teelichter, Feuerzeug, zwei Gläser unterschiedlicher Größe

Kindliche Realität

Ein leicht glimmendes Holzstück kann durch zartes Anpusten (Zufuhr von Sauerstoff) wieder voll entfacht werden.

Wasserdampf

Und so wird's gemacht
Die Kinder schalten den Wasserkocher ein und bringen so das Wasser zum Kochen.

Die Kinder beobachten
Der Wasserkocher wird laut. Es blubbert hörbar, wenn das Wasser kocht. Dann steigt Wasserdampf auf.

Erklärung
Wenn Wasser kocht, verwandelt sich flüssiges Wasser in Wasserdampf. Wasserdampf steigt in die Luft. Durch fortwährende Wasserverdunstung von Wasser aus Flüssen, Seen, Meeren etc. ist in der Luft immer Wasserdampf. Weil warme Luft mehr Wassermoleküle binden kann, ist der Wasserdampfanteil in warmer Luft größer als in kalter Luft. Haucht man eine kalte Fensterscheibe an, wird deutlich, dass in der Atemluft auch Luftfeuchtigkeit enthalten ist.

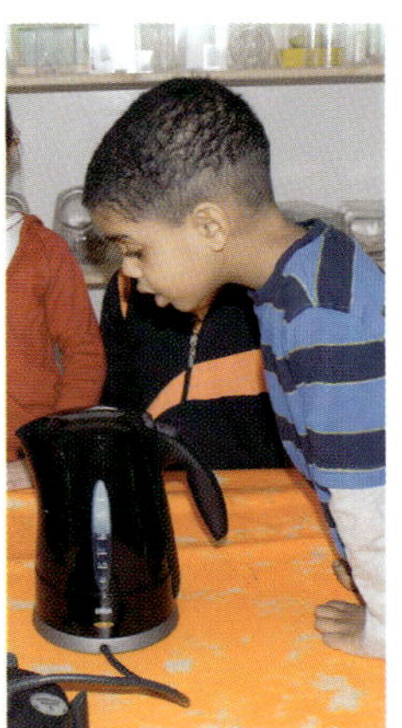

Material

Wasserkocher, Wasser, Stromquelle

Kindliche Realität

Wird eine Schale mit Wasser aufgestellt, verdunstet das Wasser und geht in die Luft über.

LUFTDRUCK

Luft hat ein Gewicht

Material

vier gleiche Luftballons,
Nadel und Faden,
zwei stabile Strohhalme,
zwei Glasflaschen,
Lineal, Lackstift,
Klebefilm

Kindliche Realität

Wenn Luft schwerelos wäre, könnte nichts leichter sein als diese. Heliumballons sind aber leichter als die Luft und fliegen deshalb.

Und so wird's gemacht

Die Kinder kennzeichnen auf beiden Strohhalmen die Mitte. Durch den Gummirand des Ballonmundstücks ziehen sie mit der Nadel jeweils einen kurzen Faden. An den Enden des ersten Strohhalms befestigen sie zwei unaufgeblasene Luftballons am Faden mit Klebefilm. An den Enden des zweiten Strohhalms befestigen sie einen aufgeblasenen und einen nicht aufgeblasenen Luftballon und legen jeden Strohhalm mittig auf eine Flaschenöffnung.

Die Kinder beobachten

Bei zwei unaufgeblasenen Luftballons bleibt der Strohhalm waagerecht liegen. Ist einer der beiden Luftballons aufgeblasen, kippt der Strohhalm in Richtung des mit Luft gefüllten Ballons und fällt von der Flaschenöffnung.

Erklärung

Luft ist leicht, aber sie wiegt dennoch etwas. Da sie der Schwerkraft unterliegt, ist der mit Luft gefüllte Ballon schwerer.

Das Gewicht der Luft drückt

Material

langes Lineal, Doppelseite einer Zeitung

Kindliche Realität

Ein Kubikmeter Luft wiegt etwa 1,2 kg, doch wir nehmen das Gewicht der Luft nicht wahr. Gerade weil wir das Gewicht der Luft nicht spüren, sind Experimente hierzu besonders spannend.

Und so wird's gemacht

Das Lineal legen die Kinder senkrecht zur Tischkante, sodass ca. 1/4 der Gesamtlänge über den Tischrand hinausragt. Jetzt schlagen sie kräftig auf dessen überstehenden Teil.
Nun legen sie über den Teil des Lineals, der auf dem Tisch liegt, die aufgefaltete Zeitungsseite so, dass die Mitte auf dem Lineal liegt und die Zeitung mit der Tischkante abschließt. Sie streichen die Zeitung glatt und schlagen kräftig auf den überstehenden Teil des Lineals.

Die Kinder beobachten

Bei der ersten Variante fällt das Lineal vom Tisch. Bei der zweiten Variante bewegt sich das Lineal fast gar nicht.

Erklärung

Im ersten Teil des Experiments lässt die Kraft des Schlages das Lineal vom Tisch fallen.
Im zweiten Teil wird das Lineal vom Gewicht der Luft festgehalten, das auf die Zeitung drückt. Die Kraft des gesamten Luftdrucks, der von oben auf die Zeitung ausgeübt wird, ist so groß, dass das Lineal liegen bleibt.

Tipp

Um zu zeigen, dass nicht das Gewicht der Zeitung für dieses Phänomen verantwortlich ist, kann man diese auch klein zusammenfalten und den Versuch wiederholen.

Luft drückt auch von unten

Und so wird's gemacht

Die Kinder stellen den Trinkhalm ins Wasserglas und ziehen ihn wieder heraus.
Sie wiederholen diesen Versuch, verschließen nun aber die obere Öffnung des Trinkhalms mit dem Daumen.

Die Kinder beobachten

Im Trinkhalm befindet sich Wasser. Wird er aus dem Glas gezogen, fließt das Wasser wieder aus dem Halm heraus. Wird aber der oben mit dem Daumen verschlossene Trinkhalm aus dem Glas gezogen, bleibt das Wasser im Halm.

Erklärung

Luft besteht aus vielen Teilchen, die sich ungeordnet und wild in alle Richtungen bewegen. Deswegen drückt Luft nicht nur von oben, sondern von allen Seiten. Im Vergleich zur ersten

Variante ist der Luftdruck von unten nicht größer, aber der Luftdruck von oben ist geringer, weil er nur noch durch das bisschen Luft im Strohhalm ausgeübt wird. Deshalb ist der Druck von unten ausreichend, um das Wasser in den Trinkhalm zu drücken, sodass es nicht herausfließen kann.

Material

Glas gefüllt mit Wasser, Trinkhalm

Kindliche Realität

Bei einer mit Flüssigkeit gefüllten Dose, z. B. Dosenmilch, kann die Flüssigkeit mit nur einem Loch oft nur schwer entweichen. Erst über ein zweites oder größeres Loch kann durch die einströmende Luft so viel Druck auf die Flüssigkeit ausgeübt werden, dass sie gut herauslaufen kann.

Innerer und äußerer Luftdruck

Und so wird's gemacht

Die Kinder stecken die Spritze mit der Öffnung nach unten in die Flasche. Die Flaschenöffnung dichten sie mit der Knetmasse komplett ab und ziehen die Spritze langsam auf.

Die Kinder beobachten

Die Flasche zieht sich zusammen, sodass sie ihre glatte Oberfläche verliert.

Erklärung

Durch das Aufziehen der Spritze wird die Luft in die Spritze „gezogen". Die Luftteilchen in der Flasche werden dadurch weniger, der Luftdruck nimmt ab. Außerhalb der Flasche befinden sich mehr Luftteilchen, deshalb ist der Luftdruck dort größer. So wird die Flasche von allen Seiten zusammengedrückt. Die Flasche wird so lange zusammengedrückt, bis der Luftdruck innerhalb und außerhalb der Flasche wieder gleich ist:
Weniger Luftteilchen bekommen weniger Raum.

Material

0,5-l-Getränkeflasche aus Plastik, Knetmasse, mindestens 50 ml große Einwegspritze ohne Nadel

Kindliche Realität

Trinkt man mit einem Strohhalm aus Tetrapaks, zieht sich die Packung nicht selten zusammen.

Luft lässt sich zusammenpressen

Material

kleine Einwegspritze ohne Nadel

Kindliche Realität

Wenn wir einen Luftballon aufblasen, pressen wir darin die Luft zusammen. Sobald das Mundstück des Ballons losgelassen wird, entweicht die gepresste Luft hörbar.

Und so wird's gemacht

Die Kinder ziehen die Spritze mit Luft auf und verschließen sie mit dem Finger. Nun versuchen sie, den Kolben der Spritze wieder hineinzudrücken.

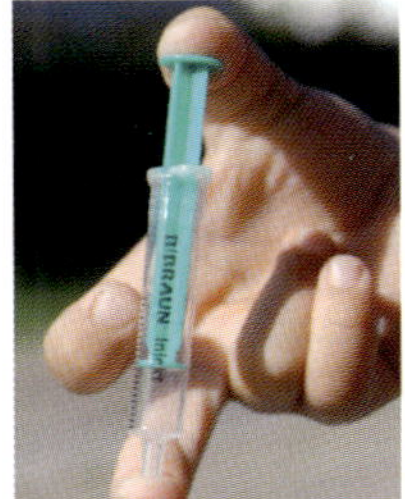

Die Kinder beobachten

Der Kolben lässt sich bis zu einem gewissen Punkt drücken. Wenn man ihn dann loslässt rutscht er wieder in die Ausgangsposition zurück.

Erklärung

Mit Kraft können wir die kleinen Luftteilchen dazu zwingen, weniger Platz einzunehmen. Dabei wird der Luftdruck erhöht: die Luftteilchen drücken mit enormer Kraft in alle Richtungen. Schnell reicht unsere Fingerkraft dann nicht mehr aus, den Kolben weiter einzudrücken. Wenn wir den Kolben loslassen, schiebt der Luftdruck den Kolben wieder zurück. Die Luft verschafft sich wieder mehr Raum.

Zusammengepresste Luft trägt

Material

Luftmatratze, einfach zu benutzende Luftpumpe

Kindliche Realität

Zusammengepresste Luft im Fahrradreifen trägt das Fahrrad samt Fahrer. Auch Autoreifen sind mit Luft gefüllt.

Und so wird's gemacht

Die Kinder breiten die unaufgeblasene Luftmatratze auf dem unebenen Boden aus. Dann legen sie sich darauf und versuchen, es sich gemütlich zu machen.
Im zweiten Schritt blasen sie mit der Luftpumpe die Luftmatratze auf und legen sich wieder darauf.

Die Kinder beobachten

Auf der unaufgeblasenen Luftmatratze ist es hart und ungemütlich. Beim Aufblasen wird sie immer dicker und härter. Legen sich die Kinder auf die aufgeblasene Matratze, fühlt es sich bequem an.

Erklärung

Bei der unaufgeblasen Luftmatratze befindet sich zwischen Kind und Boden nur eine dünne Schicht. Die Kinder nehmen Härte und Unebenheiten des Bodens deutlich wahr.
Beim Aufblasen der Luftmatratze wird Luft in die Matratze hineingepumpt. Die vielen Luftteilchen drücken in alle Richtungen, die Matratze wird dicker. Wenn sie nicht mehr dicker werden kann, wird sie umso härter, je mehr Luft in die Matratze gepresst wird. Der hohe Luftdruck in der Matratze hat die Kraft, den Körper der Kinder zu tragen. Die Unebenheiten des Bodens spüren die Kinder nun nicht mehr.

WARME UND KALTE LUFT

Warme Luft braucht mehr Platz als kalte Luft

Und so wird's gemacht
Die Flasche wird im Gefrierfach über mehrere Stunden gekühlt. Anschließend stülpen die Kinder den Luftballon über den Flaschenhals.

Die Kinder beobachten
Zuerst hängt der Luftballon schlapp herunter. Nach einiger Zeit richtet er sich auf.
Verstärkt wird die Beobachtung noch, wenn die Flasche zusätzlich in eine Schüssel mit heißem Wasser gestellt wird.

Erklärung
Die Luft in der Flasche ist kalt und erwärmt sich langsam. Wenn Luft sich erwärmt, werden die Luftteilchen beweglicher und brauchen mehr Platz. Der Luftballon richtet sich auf.

Tipp
Wenn die Flasche samt Luftballon erneut ins Gefrierfach gestellt wird, hängt der Luftballon später wieder schlapp herunter.

Material

leere 1-l-Glasflasche, Luftballon, Schüssel mit sehr warmem Wasser, Gefrierfach

Kindliche Realität

Leere Plastikflaschen, die im Winter über Nacht draußen vergessen werden, sind morgens nicht selten etwas zusammengeschrumpft. Bei steigender Temperatur nehmen sie (meist unter hörbarem Knacken) ihre Ursprungsform wieder an.

Warme Luft ist leichter als kalte Luft

Und so wird's gemacht
Die Kinder malen eine Spirale auf festes Papier und schneiden sie aus. Ein Erwachsener hilft ihnen, in die Mitte der fertigen Spirale mit der Schere ein kleines Loch zu stechen. Durch dieses wird ein Faden gezogen und verknotet.
Die Kinder befestigen die Spiralen jeweils mit dem Faden an der Stockmitte. Sie legen den Stock so auf zwei Stühle, dass die Spirale dazwischen herunterhängt. Sie muss so hoch hängen, dass das Ende der Spirale kein Feuer fängt, wenn sie darunter brennende Teelichter stellen. Die Teelichter zünden die Kinder unter Aufsicht an.

Die Kinder beobachten
Nachdem sich die Spirale beruhigt hat, hängt sie unbeweglich herunter. Stehen brennende Teelichter darunter, beginnt sie, sich zu drehen.

Erklärung
Die Luft wird von den brennenden Teelichtern erwärmt. Warme Luft braucht mehr Platz und wird somit leichter – sie steigt auf. Das Aufsteigen der warmen Luft ist ein kaum wahrnehmbarer Wind, der die Spirale langsam dreht.

Die Kinder können das Drehen der Spirale auch durch Pusten hervorrufen.

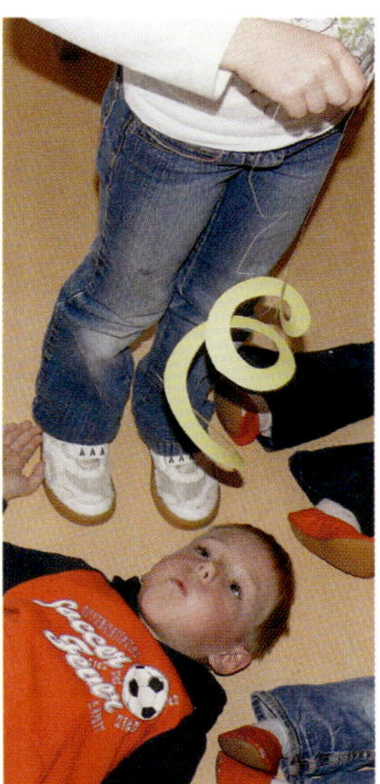

Material

festes Papier, Bleistift, Faden, Stöckchen, spitze Bastelschere, Teelichter, Feuerzeug, ggf. Buntstifte

Kindliche Realität

Am Boden ist es immer kälter als an der Zimmerdecke. Die Kinder können dies mit einem Thermometer selbst überprüfen.

LICHT

Moritz liegt im Bett. Er macht die Augen auf und sieht, wie die Sonne durch die Löcher seiner Rollläden strahlt. Sofort springt er auf und rennt zum Zimmer seiner kleinen Schwester. „Lili, aufstehen! Es ist Morgen."
„Wie? Was ist los?", Lili reibt sich die Augen. Moritz stellt sich auf den Hocker am Fenster und zieht mit aller Kraft die Rollläden hoch. „Schau doch mal, die Sonne scheint!"
„Ich mag die Sonne nicht in meinen Augen", meckert Lili.
Moritz eilt aus dem Zimmer, um auch seine Eltern aus dem Bett zu werfen.
Im Flur stößt er fast mit seinem Vater zusammen.
„Schade, ihr seid schon wach", sagt Moritz enttäuscht.
„Ja, die Sonne hat mich aufgeweckt und beim Bäcker war ich auch schon." Papa hält Moritz die Bäckertüte vor die Nase.
Dann wirft er einen Blick in Lilis Reich. „Toll, du ziehst dich ja schon an."
„Ich bin gleich fertig", erwidert Lili. Mit einem T-Shirt unterm Arm flitzt sie an ihrem Vater vorbei ins Badezimmer.
„Papa, komm mal!"
„Ja, Lili?", sagt Papa und bleibt in der Tür stehen.
Lili kämmt sich die Haare und schaut in den Spiegel. „Warum sehe ich mich eigentlich im Spiegel?"
„Also, das hängt ganz viel mit Licht und seinen Strahlen zusammen."
„Es brennt doch gar kein Licht."
„Und was ist mit der Sonne?"
„Aber was hat die Sonne mit meinem Bild im Spiegel zu tun?"
„Lili, später ..., lass uns jetzt erst mal frühstücken."

Es ist so warm, dass Mama den Tisch auf der Terrasse gedeckt hat.
„Puh, ist mir heiß", stöhnt Moritz.
Mama sieht Moritz an: „Kein Wunder, du sitzt ja auch in der prallen Sonne."
„Wir rücken alle ein bisschen zusammen, dann sitzt du auch im Schatten", schlägt Papa vor.
„Ja, so ist es besser", freut sich Moritz. „Die Sonne ist einfach zu heiß."
„Ist ja auch ein Feuerball", bemerkt Papa.
„Ein Feuerball?", fragen Lili und Moritz ungläubig.
„Na ja, das habe ich nur so gesagt. Die Sonne ist eher ein großer, brennender Stern."
„Gibt es da nur Feuer?", will Moritz wissen.
„Ja", nickt Papa.
„Ich habe eine tolle Idee!", bemerkt Lili. „Wir löschen das Feuer auf der Sonne. Dann ist sie nicht mehr so heiß und Schatten brauchen wir auch keinen mehr."
Mama und Papa müssen lachen: „Das ist keine so gute Idee."
„Warum nicht?"
„Ohne Sonne wäre es bei uns bitterkalt, noch viel, viel kälter als im Winter."
„Also, lassen wir die Sonne besser so, wie sie ist", schmunzelt Mama und steht auf. „Was haltet ihr davon, jetzt erst mal draußen mit euren Freunden zu spielen und später am Nachmittag habe ich dann sicher Zeit für euch."
„Versprochen?"
„Großes Ehrenwort!", verspricht Mama.

Lili und Moritz spielen auf der Straße. Später beobachtet Mama, wie immer mehr Wolken aufziehen – große, dunkle Wolken. „Ich glaube, es gibt gleich ein Gewitter", sagt sie zu Papa. „Ich schaue nach, wo die Kinder sind."
Schnell hat Mama Lili und Moritz gefunden.
„Kommt schnell nach Hause, es wird sicher gleich regnen."
„Aber die Sonne scheint doch", erwidert Moritz.

„Da, ich habe schon einen Tropfen gespürt", bemerkt Lili. „Und noch einen, und, huch, schon wieder einen – schnell, lasst uns rennen."
„Es regnet und die Sonne scheint", wundert sich Moritz.
Lili bleibt stehen und sieht staunend in den Himmel: „Schaut mal, ein Regenbogen!"
Moritz und Mama schauen nach oben und bewundern die bunten Streifen. Plötzlich schiebt sich eine dunkle Wolke vor die Sonne und der Regenbogen verschwindet.
„Schade." Lili ist enttäuscht.
„Jetzt aber schnell nach Hause", sagt Mama.

„Und was machen wir jetzt?", fragt Lili, als sie zu Hause ankommen.
„Ich kann euch ein Buch vorlesen", schlägt Mama vor.
„Au ja", antwortet Lili.
Zu dritt machen sie es sich auf dem Sofa bequem. Schnell stellt Mama fest, dass es zum Lesen zu dunkel ist.
„Diese Regenwolken lassen so wenig Sonnenstrahlen durch, dass wir schon mittags Licht brauchen", erklärt Mama.
Lili hat eine Idee: „Wartet, ich hole schnell meine Taschenlampe." Sie flitzt in ihr Zimmer und kommt mit ihrer Taschenlampe zurück. „Ich leuchte dir."
„Das ist schön. Aber du musst immer genau auf die Seite leuchten, die ich lese. Schaffst du das?"
„Klar", antwortet Lili.
Kaum hat Mama angefangen, leuchtet Lili auf die Wand statt auf das Buch.
„Liiiliii!"
„Ach ja!" Lili leuchtet wieder auf das Buch. Nach den nächsten paar Worten das Gleiche. Lili leuchtet auf die Wand.
„Liiiliii!", seufzt Moritz.
Mama legt das Buch beiseite. „Ich habe eine Idee. Wir machen zuerst ein Spiel."
„Welches denn?", fragt Moritz.
„Lili, wenn du mir die Taschenlampe gibst, dann leuchte ich an die Wand und ihr versucht, das Licht dort zu fangen."
„Das Spiel kenne ich nicht", mault Moritz.

Mama nimmt die Taschenlampe und leuchtet an die Wand. „Seht ihr den runden hellen Punkt?"
„Ja!", antworten Lili und Moritz. Lili geht auf die Wand zu und versucht den Punkt zu umarmen.
„So ähnlich", sagt Mama. „Als gefangen gilt, wenn ihr eure Hand so auf die Wand legt, dass sie sich mitten im hellen Punkt befindet. Wer ihn zuerst gefangen hat, hat gewonnen. Alles klar?"
„Ja", nicken Moritz und Lili.
„Auf die Plätze, fertig, los", ruft Mama und wirft den ersten Lichtpunkt an die Wand.
Moritz und Lili springen an die Wand. „Klatsch."
„Ich hab ihn. Ätsch, ich hab ihn zuerst gefangen", ruft Moritz.
Mama lässt den Lichtpunkt immer wieder wandern. Lili und Moritz flitzen kreuz und quer hinterher. Am Ende verkündet Mama: „Es steht 11:11 – unentschieden." Lili und Moritz setzen sich erschöpft aufs Sofa. „Das hat Spaß gemacht", sagt Lili und Moritz stimmt zu.

Licht macht hell

Material

Taschenlampe, Kerze, Deckenlicht, Feuerzeug oder Streichhölzer

Kindliche Realität

Die Hauptquelle des Lichts auf der Erde ist die Sonne. Diese natürliche Lichtquelle bringt den Tag. Nach Sonnenuntergang ist es Nacht.

Und so wird's gemacht

Die Kinder betreten einen dunklen Raum. In der Gruppe fragen sie sich, wie sie den Raum wieder hell machen können. Dabei probieren sie die Vorschläge zum Erhellen des Raumes (Sonnenlicht, Raumlicht, Taschenlampe, Kerze) nach und nach aus und beschreiben die Wirkungsweise der Lichtquellen in Bezug auf die Helligkeit.

Die Kinder beobachten

Eine Kerze gibt ein kleines Licht, das den Raum nur punktuell heller macht. Die Taschenlampe lässt einen Lichtstrahl mit Lichtpunkt entstehen und erhellt den Raum nur teilweise.
Das Raumlicht beleuchtet den ganzen Raum.

Wenn Sonnenstrahlen direkt ins Zimmer fallen, ist der Raum am hellsten.

Erklärung

Licht erhellt den Raum. Es gibt verschiedene Möglichkeiten, Licht zu machen. Je nach Größe und/oder Stärke der Lichtquelle ist der Raum unterschiedlich hell.

Licht ist warm

Material

Lampe mit Lampenschirm und Glühbirne (z. B. kleine Schreibtischlampe), Feuerzeug, Kerze

Kindliche Realität

Fallen Sonnenstrahlen ins Haus, kann die Heizung zumeist zurückgedreht werden.

Ein Lagerfeuer spendet wohltuende Wärme.

So wird's gemacht

An einem sonnigen Tag stellen sich die Kinder abwechselnd in die Sonnenstrahlen und in den Schatten. In einem zweiten Schritt zünden sie unter Aufsicht die Kerze an und nähern sich der Flamme mit der flachen Hand von oben. Zuletzt schalten sie die Lampe ein und umfassen vorsichtig den Lampenschirm. Die Kinder beschreiben jeweils, was sie fühlen.

Die Kinder beobachten

In allen drei Fällen spüren sie Wärme, wobei die Kerzenflamme die größte Hitze ausstrahlt.

Erklärung

Die Wärmewirkung des Lichts muss nicht immer deutlich spürbar sein, aber alle hier einbezogenen Lichtquellen erzeugen wahrnehmbare Wärme. Am deutlichsten spüren wir diese, wenn Licht durch Feuer erzeugt wird, aber auch künstlich erzeugtes Licht geht immer mit der Erzeugung von Wärme einher. Das gilt für Glühbirnen stärker als z. B. für Energiesparlampen.

Tipp

Zeigen Sie den Kindern den Glühfaden einer Glühbirne, der mithilfe von Strom so erhitzt wird, dass er glüht und somit Licht und Wärme erzeugt.

Licht ist schnell und nicht festzuhalten

Und so wird's gemacht
Hier geht es darum, in einem abgedunkelten Raum festzustellen, was schneller die Wand trifft: das Licht oder der Ball. Die Kinder werfen zuerst einen Ball an die Wand. Danach versuchen sie, Licht an die Wand zu werfen, indem sie die Taschenlampe anschalten. Dann wird ein „Wettrennen" gemacht: Licht und Ball werden gleichzeitig an die Wand geworfen.

Im zweiten Teil des Experiments erforschen die Kinder, was sich leichter fangen lässt: das Licht oder der Ball. Einige Kinder stellen sich an die Wand. Zuerst versuchen sie, Bälle zu fangen, die ihnen von der gegenüberliegenden Seite zugeworfen werden. Anschließend versuchen sie, Licht zu fangen, welches an die Wand „geworfen" wird.

Die Kinder beobachten
Das Licht erreicht die Wand schneller als der Ball. Mit bloßem Auge ist nicht zu erkennen, wie das Licht den Weg von der Lichtquelle zur Wand zurücklegt.

Das Licht kann nicht gefangen werden – es ist nicht greifbar. Die Kinder können sich den Lichtstrahlen in den Weg stellen, sodass das Licht auf sie fällt.

Erklärung
Licht breitet sich selbstständig von der Taschenlampe im Raum als Strahl aus. Der Lichtstrahl besteht aus elektrischen und magnetischen Schwingungen (sogenannte elektromagnetische Wellen), die sehr schnell sind. Der Ball ist viel langsamer. Er hat eine viel höhere Masse und fliegt nur, wenn wir ihn werfen.

Licht ist kein Gegenstand wie ein Ball. Aus diesem Grund lässt sich Licht auch nicht greifen oder fangen.

Tipp
Stellen Sie den Kindern folgende Frage: „Könnt ihr Licht in einen Koffer packen?" Daraus entsteht zumeist eine spannende Diskussion. Auch die Geschichte der Schildbürger, die versucht haben, Licht in ihr dunkles Rathaus zu tragen, ist eine gute Einführung in dieses umfangreiche Themengebiet.

Material
starke Taschenlampe, weiße Wand, mehrere Bälle

Kindliche Realität
Bei einem Gewitter sehen wir den Blitz zumeist bevor wir den Donner hören. Schall ist langsamer als Licht. Nur wenn sich das Gewitter direkt über uns befindet, fallen Donner und Blitz zusammen. Je weiter das Gewitter entfernt ist, desto länger liegen Blitz und Donner in unserer Wahrnehmung auseinander.

TRANSPARENZ

Nicht alles wirft Schatten

Material

weiße Wand, leeres Glas, dünne durchsichtige Plastiktüte, Buch, eine Lage eines Kosmetiktuchs, Taschenlampe

Kindliche Realität

Sonnenbrillen schützen die Augen vor zu viel Sonnenlicht, aber sie dunkeln nicht ganz ab, man sieht alles nur etwas getönt.

Und so wird's gemacht

Nacheinander werden alle vier Gegenstände von der Taschenlampe in Richtung der weißen Wand angestrahlt. Dabei halten die Kinder diese Gegenstände einfach mit der Hand fest. Sie beschreiben nun, was an der Wand sichtbar wird.

Die Kinder beobachten

Das Buch wirft einen dunklen, klar umrissenen Schatten.
Das Wasserglas wirft seine Konturen an die Wand, der innere Teil ist nicht sichtbar.
Von der Plastiktüte werden die Konturen und ein schwacher Schatten an der Wand sichtbar.
Die Lage des Kosmetiktuchs erzeugt einen Schatten, der deutlich heller ist als der des Buchs.

Erklärung

Schatten werden erzeugt, wenn Lichtstrahlen gebremst werden. Werden die Lichtstrahlen komplett gebremst, entsteht ein dunkler Schatten. Bremsen die Gegenstände aber nur einen Teil der Lichtstrahlen, wird der Schatten heller. Je transparenter die Gegenstände sind, desto mehr Licht kann hindurchscheinen und desto heller wird das Schattenbild bzw. entsteht überhaupt kein Schattenbild.

Kleiner Bauklotz ganz groß

Material

weiße Wand, Taschenlampe, großer Bauklotz, kleiner Bauklotz, weißes Papier, Heftzwecken, dicker dunkler Filzstift

Kindliche Realität

Ein Sonnenschirm spendet Schatten nur entsprechend seiner Schirmgröße, weil sich der Schirm nahe am Boden und sehr weit weg von der Sonne befindet.

Und so wird's gemacht

Die Taschenlampe wird in einem abgedunkelten Raum so auf dem Boden fixiert, dass sie auf die weiße Wand strahlt. Dafür muss sie vorn etwas höher liegen.
Zuerst halten die Kinder den großen Bauklotz nahe an die Wand und betrachten dessen Schatten. Anschließend befestigen sie das weiße Papier so an der Wand, dass der Schatten des Bauklotzes darauffällt. Sie zeichnen die Umrisse des Schattens auf dem Papier nach. Jetzt halten sie den kleinen Bauklotz sehr nahe an die Taschenlampe in den Lichtstrahl.

Die Kinder beobachten

Der kleine Bauklotz wirft einen größeren Schatten als zuvor der große.

Erklärung

Die Lichtstrahlen bewegen sich kegelförmig von der Lichtquelle weg. Je näher sich der Gegenstand an der Lichtquelle befindet, desto mehr Lichtstrahlen werden verdeckt. Das führt zu einem größeren Schatten.

REFLEXION VON LICHTSTRAHLEN

Licht und Sehen

Und so wird's gemacht
Die Kinder gehen in ein dunkles Zimmer und schauen sich um. Nun öffnen sie die Tür einen kleinen Spalt weit, nach und nach immer weiter, bis sie ganz offen steht. Immer wieder beschreiben die Kinder, was sie sehen.

Die Kinder beobachten
Zuerst ist es dunkel, nichts ist sichtbar. Mit etwas Licht sind die Umrisse der Gegenstände, insbesondere derer, die sich nah am Lichtstrahl befinden, zu sehen. Farben sind zunächst nicht zu erkennen. Je mehr Licht eindringt, desto besser werden die Gegenstände und ihre Farben für das Auge sichtbar.

Erklärung
Wenn Lichtstrahlen gebremst werden, bleiben sie nicht einfach stehen, sondern werden zu einem Großteil wieder reflektiert.

Treffen diese zurückgelenkten Lichtstrahlen unser Auge, können wir sehen.

Nur bei ausreichender Helligkeit gibt es genügend Lichtstrahlen, die zu unserem Auge reflektiert werden können. Ein bisschen Licht reicht gerade aus, um Umrisse erkennbar zu machen. Mit mehr Licht können wir Gegenstände und Farben erkennen.

Material
bunte Gegenstände

Kindliche Realität
Bei einer Autofahrt im Dunkeln erscheint die Landschaft draußen grau.

Im Dunkeln läuft man oft gegen Tische und Stühle oder stolpert über am Boden liegende Spielsachen.

Weiß und Schwarz

Und so wird's gemacht
Die Kinder legen die leuchtende Taschenlampe in einem dunklen Raum auf den Boden (vorn etwas höher legen). In den Lichtstrahl halten sie mit einem Abstand von ca. 20 cm abwechselnd das weiße und das schwarze Papier und beschreiben, was sich im Bereich zwischen Taschenlampe und Papier verändert.

Die Kinder beobachten
Kommt das weiße Papier zum Einsatz, ist der Bereich zwischen Papier und Taschenlampe deutlich heller als beim schwarzen Papier.

Erklärung
Wenn Lichtstrahlen auf schwarze Flächen treffen, werden nicht so viele davon reflektiert. Das ist bei weißen Flächen anders; die Lichtstrahlen werden fast alle reflektiert. Je mehr Lichtstrahlen zurückgelenkt werden, desto heller wird es.

Material
Taschenlampe,
weißes Blatt Papier,
schwarzes Blatt Papier

Kindliche Realität
Schwarze Kleidung heizt sich in der Sonne mehr auf als weiße, weil wenige wärmende Lichtstrahlen umkehren.

Material

weiße Wand, Handspiegel, Taschenlampe

Kindliche Realität

Das Sonnenlicht spiegelt sich auf der verglasten Oberfläche des Fernsehers, sodass es blendet und man das Bild schlechter sehen kann.

Lichtstrahlen umlenken

Und so wird's gemacht

Die Kinder schalten in einem dunklen Raum die Taschenlampe an und suchen den Lichtpunkt an der Wand. Die Taschenlampe sollte jetzt möglichst nicht bewegt werden. Dann nimmt ein weiteres Kind den Spiegel in die Hand, hält ihn in den Lichtstrahl und bewegt ihn.

Die Kinder beobachten

Der Spiegel wirft einen Schatten und der Lichtpunkt an der Wand ist verschwunden. Stattdessen sehen sie einen Lichtpunkt im Spiegel und einen zweiten an einer anderen Stelle. Dieser neue Lichtpunkt außerhalb des Spiegels wandert, wenn die Kinder den Spiegel bewegen.

Erklärung

Ein Spiegel ist nicht lichtdurchlässig und hinterlässt deswegen einen Schatten. Der Spiegel besteht aus einem Material, das Lichtstrahlen im gleichen Winkel reflektiert, wie sie auf ihn treffen (Einfallswinkel gleich Ausfallswinkel). So wird der

Lichtpunkt im Spiegel genauso an der Wand abgebildet.

Tipp

Hier passt erneut die Analogie zum Ball: wenn ein Tennisball mit Wucht auf den Boden geworfen wird, springt er wieder hoch (dreht also um). Diese Aktivität lässt sich sehr schön mit diesem Experiment kombinieren.

Achtung: Lichtpunkte nicht auf die Augen richten – Gefahr für die Augen!

Material

verschiedenartige Reflektoren, Taschenlampe

Kindliche Realität

Auf Schulranzen ist oft eine dünne Reflektorfolie angebracht. Dickere Reflektoren aus Kunststoff sind z. B. an Fahrrädern Pflicht.

Reflektoren

Und so wird's gemacht

Mit einer Taschenlampe werden in einem abgedunkelten Raum nach und nach die verschiedenen Reflektoren frontal angestrahlt.

Die Kinder beobachten

Die Reflektoren leuchten. Es sieht so aus, als würden diese selbstständig leuchten.

Erklärung

Wie bei einem Spiegel, werden Lichtstrahlen zurückgeworfen, wenn sie auf einen Reflektor

treffen. Da dieser keine glatte Oberfläche wie ein Spiegel besitzt, können wir dort kein Spiegelbild sehen.

Spiegelbilder

Und so wird's gemacht

Die Kinder schauen

1. in den großen Spiegel
2. in den kleinen Spiegel
3. in die Außenseite des Löffels
4. in die Innenseite des Löffels
5. in die Außenseite des Edelstahltopfs
6. in die Fensterscheibe.

Die Kinder beobachten

1. Ihr Gesicht ist komplett und naturgetreu abgebildet.
2. Im kleinen Spiegel ist ein naturgetreuer Ausschnitt ihres Gesichts zu erkennen.
3. Ihr komplettes Gesicht ist verkleinert abgebildet.
4. Ihr komplettes Gesicht ist verkleinert und auf dem Kopf stehend abgebildet.
5. Der Ausschnitt ihres Gesichts ist verzerrt – es wird langgezogen.
6. Ein undeutliches, kaum wahrnehmbares Spiegelbild ihres kompletten Gesichts wird sichtbar.

Erklärung

1.–2. Lichtstrahlen, die auf das Kind fallen, werden dort reflektiert und treffen auf den Spiegel. Aufgrund der extrem glatten Oberfläche des Spiegels reflektiert er die Lichtstrahlen genauso zu unserem Auge zurück. Bei einem ebenen (d. h. ungebogenen Spiegel) sehen wir ein naturgetreues Spiegelbild dessen, was wir dem Spiegel zeigen. Je größer der Spiegel ist, desto größer ist auch der Ausschnitt des gezeigten Gegenstandes.

3.–5. Edelstahl ist auch sehr glatt und ermöglicht so ein Spiegelbild. Allerdings ist dieses nicht ganz so klar, wie das eines Spiegels. Sowohl die beiden Seiten des Löffels als auch die Außenseite eines Topfs sind nicht eben. Nicht ebene Flächen zeigen kein naturgetreues Spiegelbild, sondern eines mit Veränderungen oder Verzerrungen. Das liegt daran, dass die Reflexion der Lichtstrahlen zu unserem Auge verändert oder verzerrt erfolgt.

6. Andere glatte Flächen können auch Spiegelbilder erzeugen. Weil aber Glas sehr viel Licht durchlässt (vgl. Licht – Seite 34), werden nur wenige Lichtstrahlen reflektiert. Somit ist das Spiegelbild kaum sichtbar.

Material

großer Spiegel,
kleiner Spiegel,
polierter Tee-/Esslöffel,
polierter Edelstahltopf,
große Fensterscheibe

Kindliche Realität

Seen, Pfützen und andere ruhige Wasserflächen können wie ein Spiegel wirken.

Auch Badezimmerkacheln, Christbaumkugeln oder Schaufensterscheiben erzeugen Spiegelbilder.

LICHTBRECHUNG

Lichtdurchlässige Gegenstände

Material

aufrecht stehender Gegenstand, Holzbrett, Buch, Glasscheibe

Kindliche Realität

Durch Fenster kann man nach draußen sehen, durch Wände dagegen nicht.

Bei Trinkgläsern kann man von der Seite erkennen, ob sie gefüllt sind. Bei Tassen aus Keramik kann man das nur von oben feststellen.

Und so wird's gemacht

Zwischen den Gegenstand und die Augen der Kinder werden nacheinander das Holzbrett, das Buch und die Glasscheibe gehalten. Die Kinder beschreiben, wann der Gegenstand zu sehen ist.

Die Kinder beobachten

Wenn das Holzbrett oder das Buch zwischen Gegenstand und Auge gehalten werden, ist der Gegenstand für die Kinder nicht mehr zu sehen. Durch die Glasscheibe können sie den Gegenstand nach wie vor sehen.

Erklärung

Das Holzbrett und das Buch lassen die Lichtstrahlen, die vom Gegenstand auf sie treffen, nicht zu uns durch. Deswegen kann man den Gegenstand nicht sehen.
Die Glasscheibe hingegen lässt die Lichtstrahlen durch und so bleibt der Gegenstand für uns sichtbar.

Die lichtbrechende Lupe

Material

Lupe, weißes Blatt Papier

Kindliche Realität

Flaschen/Glasscherben können Sonnenstrahlen so bündeln, dass durch die Wärmebündelung in einem Punkt ein Feuer verursacht werden kann.

Und so wird's gemacht

Die Kinder halten die Lupe so in das Sonnenlicht, dass ein runder Lichtpunkt auf dem Papier entsteht. Dann verändern sie den Abstand zwischen Lupe und Papier.

Die Kinder beobachten

Der runde Lichtpunkt verändert seine Größe in Abhängigkeit vom Abstand zwischen Papier und Lupe. Je kleiner der Punkt, desto intensiver ist das Licht. Der Punkt lässt sich nicht beliebig verkleinern. Das ist der Fall, wenn der Lichtpunkt wieder größer wird, egal ob die Kinder den Abstand verringern oder vergrößern.

Erklärung

Lichtstrahlen sind in Luft und Glas unterschiedlich schnell. Deshalb werden die Lichtstrahlen beim Übergang von Luft zu Glas sowie beim Übergang von Glas zu Luft gebrochen. Durch die Außenwölbung des Lupenglases erfahren die Lichtstrahlen hier eine besondere Richtungsänderung. Die Sonnenstrahlen werden zusammengeführt. Dabei gibt es immer einen Abstand zwischen Lupe und Papier, bei dem sich alle Lichtstrahlen nahezu in einem Punkt treffen (Brennpunkt).

Wasserlupe

Und so wird's gemacht
Die Kinder schneiden aus der Pappe einen vorgezeichneten Rahmen für eine Lupe. Das Loch überdecken sie mit Frischhaltefolie. Mit Unterstützung befestigen sie diese an der Rückseite des Rahmens mit Klebefilm. Dann gießen sie einige Tropfen Wasser auf die Frischhaltefolie. Die Lupe ist fertig. Durch das Wasser der gerade zu haltenden Lupe betrachten die Kinder die Seiten eines Buches. Dabei wird der Abstand zwischen Lupe und Buch immer wieder verändert.

Die Kinder beobachten
Die Lupe vergrößert Buchstaben bzw. ausgewählte Bildausschnitte.

Erklärung
Durch die beidseitige Wölbung des großen Wassertropfens nach außen erhält er die Form einer Lupenlinse. Lupenlinsen sind beidseitig nach außen gewölbt. Wie schon gezeigt, verändert sich der Verlauf der Lichtstrahlen durch diese Linsenform. Alles sieht größer aus.

Material

Stück Pappe, Schere, Frischhaltefolie, Klebefilm, Wasser, Stift, Bilderbuch mit Text

Kindliche Realität

Lesebrillen haben auch Linsen, mit denen kleine Dinge (Wörter) vergrößert werden.

Ein Mikroskop ist mit einer Linse ausgestattet, die besonders stark vergrößert.

Der gebrochene Stift

Und so wird's gemacht
Die Kinder füllen eines der Gläser zu 2/3 mit Wasser. Nun stellen sie je einen Stift schräg in beide Gläser und schauen von vorn darauf.

Die Kinder beobachten
Der Stift, der im Wasser steht, sieht an der Stelle, an der er aus dem Wasser tritt, gebrochen aus.

Erklärung
Wasser und Luft sind lichtdurchlässig. Jedoch sind die Lichtstrahlen im Wasser langsamer als in der Luft. Lichtstrahlen, die vom Stift reflektiert werden und dann aus dem Wasser austreten, werden deshalb umgelenkt. Weil unser Auge das nicht erwartet, wirkt die gerade Kontur des Stiftes unterbrochen. Den Teil des Stifts, der sich im Wasser befindet, sehen wir an einer Stelle, an der er sich nicht befindet.

Tipp
Legen Sie eine Münze auf den Boden einer Tasse. Ein Kind fixiert die Münze von oben, lehnt sich dann so weit zurück, dass es die Münze gerade nicht mehr sieht und verharrt in dieser Position. Gießen Sie nun Wasser in die Tasse. Die Münze wird teilweise wieder sichtbar.

Material

zwei identische Gläser mit glatter Oberfläche, Wasser, zwei identische Stifte

Kindliche Realität

Der Fußboden eines Schwimmbads erscheint näher als er ist.

FARBEN DES LICHTS

Regenbogen

Material

Gartenschlauch mit Wasseranschluss

Kindliche Realität

Die Lichtstrahlen spalten sich auch, wenn sie auf die Unterseite einer CD, auf den Ölfleck in der Pfütze, auf Seifenblasen, in Schneekristalle oder einen Brillanten etc. fallen.

Und so wird's gemacht

An einem sonnigen Tag spritzen die Kinder Wasser in die Luft. Dabei stellen sie sich mit dem Rücken zur Sonne und sehen in den Wassernebel.

Die Kinder beobachten

Dort, wo das Wasser versprüht wurde, bildet sich ein Regenbogen. Sie können dabei folgende Farben in der genannten Reihenfolge erkennen: Gelb, Orange, Rot, Grün, Hellblau, Dunkelblau, Violett. Der Regenbogen verschwindet, wenn das Wasser auf den Boden gefallen ist.

Erklärung

Jeder Lichtstrahl setzt sich aus sieben verschiedenfarbigen Strahlen zusammen. Diese Farben sind so gemischt, dass sie nicht zu erkennen sind und der Lichtstrahl weiß erscheint. Brechen sich die Sonnenstrahlen in den kleinen Wassertropfen, werden sie in ihre einzelnen Farben zerlegt und es entsteht ein Regenbogen.

Himmelsfarben

Material

großes, durchsichtiges Gefäß (z. B. Aquarium), wenige Tropfen Milch, starke, fokussierte Taschenlampe, Wasser, Löffel

Kindliche Realität

Bei hoch stehender Sonne werden die Sonnenstrahlen durch Luftteilchen so abgelenkt, dass der wolkenfreie Himmel blau erscheint. Bei Sonnenauf- und -untergang, wenn die Sonne nah am Horizont steht, erscheint der Himmel oft rosa/rot/orange.

Und so wird's gemacht

Die Kinder füllen das Gefäß zu 3/4 mit Wasser, geben wenige Tropfen Milch dazu und rühren. Sie richten die Taschenlampe so auf das Gefäß, dass die Taschenlampe das Wasser von oben anstrahlt.
Danach richten sie die Taschenlampe von hinten so auf das Gefäß, dass sie durch das Wasser in das Licht schauen.

Die Kinder beobachten

Wird das Wasser von oben angestrahlt, erscheint es bläulich.
Beim Strahl von hinten erscheint das Wasser um das Licht herum eher rosa/orange.

Erklärung

Die Taschenlampe sendet weißes Licht, das sich aus sieben Farben zusammensetzt. Durch die Milchteilchen werden die Lichtstrahlen abgelenkt. Jede Farbe des Lichts wird unterschiedlich gebrochen. Je nach Position des Lichtstrahls überwiegt eine andere Farbe.

Tipp

Eventuell muss das Experiment mehrmals durchgeführt werden, dabei die Milchmenge gegebenenfalls minimal erhöhen. Das Wasser-Milch-Gemisch muss lichtdurchlässig bleiben!